D1919697

Meine Bobobären Geschichten

Meine Bobobären Geschichten

Gondrom

Kennst Du die Bobobären?

Hast du dich auch schon gefragt, was aus deinem verflickten alten Teddy wird, wenn du ihn in eine Ecke wirfst und dich nicht mehr um ihn kümmerst, wo er dir so lange ein treuer Freund war?

Versauert er in der Ecke? Langweilt er sich zu Tode?

Du wirst dich wundern. Denn die Bobobären gehen nach Schmusebärenhausen, wo sie die verrücktesten Abenteuer erleben. Dafür sorgt schon Goldschatz. Sie gibt den Ton an und steckt randvoll mit pfiffigen Ideen. Frechdachs ist nie um einen lustigen Streich verlegen. Trällermax wiederum hat's mit der Musik und singt bei jeder Gelegenheit.
Aber lest selbst, was sich bei den Bobobären alles tut.

Sonderausgabe für Gondrom Verlag GmbH & Co. KG, Bindlach 1995
© 1991 BEA + Poly-Verlags AG, CH-5200 Brugg
© Für die englische Originalausgabe: Colour Library Books Ltd.
Idee: Stephen Attmore
Illustration: Angela Mills/Bernard Thornton Artists
Text: nacherzählt von Gisela Schleicher
ISBN 3-8112-1154-4

DIE BOBOBÄREN
werden Freunde

Im Spielzeugparadies gibt es einen zauberhaften kleinen Ort, der Schmusebärenhausen heisst. Dorthin gehen alle Teddys, die nicht mehr gebraucht und geliebt werden. Es ist ein geheimer Ort, den kaum jemand findet. Die Bobobären kennen ihn natürlich. Sie fühlen sich in ihrem Dorf bobobärenwohl.

In der Blumenwiese von Schmusebärenhausen steht ein adrettes Häuschen. Es heisst „Villa Blumenduft" und gehört Goldschatz. Goldschatz verlässt gerade die Villa Blumenduft. Die Bobobärin schleppt eine grosse, breite Tasche, die viel zu gross für sie ist.

Goldschatz stapft munter voran. Es ist ein herrlicher Tag. Die Schmetterlinge tanzen. Die Hummeln summen. Die Vögel zwitschern. Und die Blumen recken ihre Blütenköpfe der Sonne entgegen.

Ein kugelrundes Etwas kollert pfeilschnell den Abhang hinunter. Ein Vogel ist es nicht. Vögel fliegen und purzeln nicht herum. Es muss wohl ein Ball sein.
„Huiii – ich kommeeeee!“ quietscht das kugelrunde Etwas.
Nein, ein Ball ist es auch nicht. Bälle hüpfen und rollen, doch sie rufen nicht: „Hui – ich komme!“
Goldschatz hört und sieht aber nichts. Das ist ihr Pech.
Das kugelrunde Etwas saust geradewegs auf sie zu. Die Bobobärin springt zur Seite. Zu spät. Die Kugel prallt – bums! – in sie hinein.
Goldschatz wird im hohen Bogen in die Luft geschleudert. Die Tasche fliegt sogar noch höher. Dreimal überschlägt sich Goldschatz und landet – bums! – auf der rätselhaften Kugel.
Goldschatz ist stocksauer. Sie mag keine Geschosse, die herumschwirren und harmlose Spaziergänger in die Luft wirbeln.
Die Bobobärin richtet sich brummelnd auf und schaut sich das runde Etwas genauer an. Ist es eine Kanonenkugel?

Nein, sicher nicht, denn das Ding ist pelzig. Eine Kanonenkugel hat kein Fell.
Ein dünnes Stimmchen sagt: „Hallo, Bärendame. Guten Morgen. Ein herrlicher Tag heute, nicht wahr?“
Goldschatz verschlägt es vor Erstaunen die Sprache. Das Fellding kann sprechen. Na so was!
Die Fellkugel streckt sich, hüpft wie ein Stehaufmännchen auf die Beine und schüttelt sich. Es staubt gewaltig. Nie zuvor hat Goldschatz ein Pelzwesen gesehen, aus dem so riesige Staubwolken kamen.
„Du könntest mir auch einen guten Morgen wünschen“, sagt der staubige Bobobär vorwurfsvoll. „Stehst du immer mit offenem Mund herum? Mach ihn zu, sonst verschluckst du noch eine Mücke.“
Kein Zweifel: der Neue ist ein Flegel, und obendrein ein recht schmutziger. Ein Staubwedel sozusagen.
„Ich heisse Frechdachs“, stellt sich der Staubwedel vor.
„Der Name passt hervorragend“, bemerkt Goldschatz spitz. „Obwohl Dreckspatz ebenfalls zutreffen würde.“
„Ich bin ein Bobobär, kein Waschbär“, erwidert Frechdachs schlagfertig. „Wie heisst du? Porentief-rein? Oder Supersauber?“
„Ich bin Goldschatz“, sagt die Bärin gekränkt.
„Goldschatz?“ wiederholt Frechdachs. Er biegt sich vor Lachen und lässt sich auf den Hosenboden fallen. „Goldschatz. Das ist der komischste Bärenname, den ich je gehört habe.“
Goldschatz ist beleidigt. „So hat mich das kleine Mädchen genannt, dem ich früher gehört habe. Ich bin sehr stolz auf meinen Namen.“

Goldschatz kehrt dem Flegel den Rücken zu und marschiert los. „He, warte doch!" Frechdachs läuft hastig hinter ihr her. „Wohin gehst du?"
„Zur Leihbibliothek. Ich will meine Bücher umtauschen."
„Was kriegst du dafür? Frösche? Tauschst du deine Bücher gegen Frösche ein?" Frechdachs hält seinen Scherz für umwerfend witzig. Er hopst und lacht und albert und landet – plumps! – auf seinem Plüschpopo.
„Fällst du immer so leicht um?" fragt Goldschatz mitfühlend.
„Klar", bestätigt Frechdachs. „Ich falle jeden Abend."
„Ach, du Unglücksrabe."
Frechdachs grinst. „Ich falle Abend für Abend in mein Bett."
Er ist schon ein kauziger kleiner Bobobär. Goldschatz verspürt Mitleid mit ihm. Frechdachs braucht jemanden, der auf ihn aufpasst und sich um ihn kümmert.
„Komm nach, sobald du dich von deinem Lachkrampf erholt hast", ruft Goldschatz und stapft weiter. „Erst links, dann rechts, dann wieder links und wieder rechts."
„Links und rechts, links und rechts." Frechdachs prägt sich die Anweisung ein. Er geht links, dann rechts, dann wieder links – und stolpert. Er schlägt einen Purzelbaum und landet – bums! – auf der Nase. Ihm wird ganz schwindlig. Vor seinen Knopfaugen flirren Sterne.
Wo ist er? Und wo ist Goldschatz?

Armer Frechdachs! Er kennt sich in Schmusebärenhausen noch nicht aus.
Schliesslich erinnert er sich, dass Goldschatz zur Leihbibliothek gehen wollte. Wo ist diese Bücherei? Frechdachs hat nicht die leiseste Ahnung.
Einige Meter vor ihm steht ein grosser, lustig bemalter Wohnwagen. Frechdachs geht forsch hinein. „Verzeihung!" schreit er. „Ist hier die Leihbibliothek?"
„Pst!" kommt es aus der Tiefe des Wohnwagens.
„Was heisst das – pst?" fragt Frechdachs verwirrt.
Eine Bobobärendame reckt den Kopf hinter einem hohen Bücherstapel hervor. „Pst!" macht sie abermals. Sie deutet mit der Tatze auf ein riesiges Schild, auf dem RUHE steht.
„Wissen Sie, ich hab's nicht mit der Gelehrsamkeit", sagt Frechdachs entschuldigend. „Mit dem Lesen schon gar nicht. Ist das hier –"
„Pssst!" zischelt es tadelnd.
Die Bärendame verlässt ihren Platz hinter dem Schreibtisch, rückt ihre Brille zurecht und schaut den Störenfried strafend an.
‚Huh, sieht die streng aus', denkt Frechdachs. ‚Mit der ist bestimmt nicht gut Kirschen essen.'
„Ich suche die Bibliothek", sagt er höflich. „Mein Name ist Frechdachs. Wie heissen Sie?"
„Pssssst!"
Manche Leute haben wirklich eigenartige Namen!

Frechdachs erspäht seine neue Freundin. „Ah, da bist du ja, Goldschatz!“ ruft er erfreut. „Du wirst nie erraten, wie die sauertöpfische Gewitterziege mit dem Kneifer heisst.“
„Psssssst!“
„Ach, du weisst es schon“, sagt Frechdachs enttäuscht.
„Benimm dich, du Grossmaul“, wispert Goldschatz ihm warnend ins Ohr. „Wenn du nicht still bist, setzt die Bibliothekarin uns beide an die frische Luft. Schmökerlotte versteht keinen Spass.“
Frechdachs schmollt, doch er hält gehorsam den Mund und sieht sich die Bücher in den Regalen an. Auf dem obersten Brett entdeckt er ein Buch mit einem Umschlagbild, das ihn tief beeindruckt. Frechdachs reckt sich nach oben. Vergebens! Er stellt sich auf die Zehenspitzen. Noch immer nichts zu machen. Nun steigt er auf das unterste Brett, streckt den Arm hoch und kriegt das Buch zu fassen. Hilfe, jetzt verliert er den Halt, kippt rückwärts. Frechdachs plumpst – au, au! – rückwärts auf den Fussboden. Ein Schub Bücher fällt auf ihn, eine zweite Ladung folgt, dann eine dritte.
Schmökerlotte ist sehr aufgebracht. Sie befördert Frechdachs umgehend aus ihrer Leihbibliothek.

Library

„Na bitte! Da haben wir den Salat“, sagt Goldschatz. „Wir gehen jetzt nach Hause, bevor du dich wieder irgendwo in die Nesseln setzt.“
„Zu Befehl, General.“ Frechdachs salutiert zackig wie ein Soldat. „Du hast das Kommando.“
Goldschatz achtet nicht auf ihn. Sie stapft mit grossen Schritten den Weg entlang. Frechdachs schneidet eine Grimasse. So rasch seine stämmigen Beinchen ihn tragen, läuft er hinter seiner neuen Freundin her. Sie neigt zwar dazu, andere Leute zu bevormunden, doch sie ist ein echter Goldschatz.
Plötzlich bleiben die Bobobären stehen und spitzen die Ohren. Hoch über ihnen, in einem Baum, singt jemand.

„Ich hatte ein Schiff.
Es fuhr auf ein Riff.
Jetzt zieh' ich durchs Land
als Strassenmusikant.“

„Hoppla, das ist ein seltsamer Vogel“, ruft Frechdachs.
„Das ist kein Vogel, du Dummkopf, das ist einer von uns“, sagt Goldschatz belehrend.
Tatsächlich: der Sänger auf dem Ast ist ein Bobobär. Er trägt einen Matrosenanzug und hält ein Banjo zwischen den Tatzen.
„Wer bist du?“ forscht Goldschatz, die alles genau wissen will.
„Ich heisse Trällermax“, stellt sich der fremde Bär vor. „Ich bin ein heimatloser Seemann. Unser Schiff ist von einem Wal gerammt worden und an einem Riff zerschellt.“
Goldschatz lädt ihn zu sich ein. „Komm mit uns in die Villa Blumenduft, Trällermax“, fordert sie ihn auf.

Am Abend sitzen die drei Bobobären vor dem Kamin in der gemütlichen Wohnstube. Sie verstehen sich prächtig und haben viel Spass miteinander. Trällermax spielt auf seinem Banjo und singt aus voller Kehle. Frechdachs tanzt, fällt zwischendurch auf seinen Hosenboden und klopft dumme Sprüche. Goldschatz erzählt Geschichten und spart nicht mit klugen Bemerkungen.
„Lasst uns zusammenbleiben“, schlägt Goldschatz vor.
„Wir könnten eine Musikband gründen“, meint Trällermax, „und uns ‚das Bobobären-Trio‘ oder ‚die Nachtigallen aus Schmusebärenhausen‘ nennen.“
„Beim Singen kratzt mir immer der Hals“, behauptet Frechdachs, der ausgesprochen falsch singt. „Aber die Idee, dass wir in Zukunft alles gemeinsam tun, finde ich einmalig. Hei, das wird ein lustiges Leben.“
So werden die Bobobären Freunde für immer und ewig. Sie spucken in die Tatzen und schwören den heiligen Indianereid:
„Einer für alle. Alle für einen.“
„Hoppla, jetzt kommen wir!“ ruft Frechdachs begeistert.

DIE BOBOBÄREN
gehen in Urlaub

Es ist Abend und schon recht kühl. Die drei Bobobären sitzen in der Villa Blumenduft und futtern, bis sie fast platzen. Später machen sie es sich vor dem Kamin bequem. Frechdachs stopft die letzten Krümel in sich hinein. Trällermax erfindet ein neues Lied, bei dem es um Honigkuchen und Beerenpudding und Sahnebonbons geht. Goldschatz schaut geistesabwesend ins Leere. Sie denkt nach.

Urplötzlich springt sie auf und schreit so laut, dass die Wände wackeln: „Ich hab's!"

„Sie ist übergeschnappt", sagt Trällermax respektlos. „Wir müssen sofort einen Rettungswagen holen, der sie in die Klinik schafft."

„Tatü-tata, die Sanitäter sind da", ruft Frechdachs.

Goldschatz winkt mit der Plüschtatze ab. „Lasst die dummen Scherze. Ich hab' eine geniale Idee. Wir brauchen Aufregung, Abenteuer. Deshalb werden wir verreisen."

Trällermax und Frechdachs sind begeistert. Sie singen:

„Bobobären, die was gelten,
stossen vor in neue Welten.
Man findet uns in Wüstenzelten,
in Eis und Schnee, bei wack'ren Helden,
bei Winne- und bei Manitou
und auch im Lande des Kung-Fu."

Goldschatz fängt unverzüglich zu packen an. Sie füllt Koffer, Taschen und Kisten. Dann treibt sie – husch, husch! – ihre Freunde ins Bett.

„Ab in die Heia", sagt sie. „Wer früh in die Federn kriecht, kann früh aufstehen. Bei Anbruch der Dämmerung fahren wir los."

Ihre Freunde gehorchen unter Protest. Sie wären gern noch ein wenig aufgeblieben.

Frechdachs hat einen wunderschönen Traum. Er ist der Ehrengast bei einem Bobobärenpicknick und darf den gesamten Proviant allein aufessen. Er futtert und futtert und . . .

Der Traum reisst jäh ab. Frechdachs wacht auf, weil jemand ihn hartnäckig an der Schulter rüttelt.
„Was ist?“ brummelt er schlaftrunken. „Ein Erdbeben?“
„Marsch, beweg dich, du Faulpelz“, befiehlt Goldschatz. „Es ist Zeit, dass wir aufbrechen.“
„Wie? Mitten in der Nacht?“ fragt Frechdachs entgeistert.
„Es ist heller Tag. Steh auf!“
Die Sonne steht blitzblank am Himmel. Goldschatz wartet neben dem Gepäck. Sie grollt und schimpft.
„Wo stecken die Drückeberger? Wenn's Arbeit gibt, verziehen sie sich. Es ist immer dasselbe Lied.“
Frechdachs und Trällermax tauchen endlich auf. Sie sind ziemlich eingeschüchtert.
„Beeilt euch“, kommandiert Goldschatz. „Helft mir, das Gepäck in den Wohnwagen zu laden.“
Frechdachs und Trällermax wissen, dass es keinen Zweck hat, mit Goldschatz zu streiten. Also strengen sie sich an. Im Handumdrehen verstauen sie das Reisegepäck im Wohnwagen. Die Bobobären sind startklar.
Goldschatz hat sich inzwischen beruhigt. Sie zieht ihre Landkarte zu Rate. Trällermax holt sein Banjo und stimmt ein Ferienlied an. Frechdachs hockt behaglich im Wohnwagen und kostet das Mittagessen. Es schmeckt ihm wunderbar.

„Sag, Goldschatz, hast du nichts vergessen?“ fragt Trällermax.
„Ausgeschlossen“, antwortet die Bärin. „Ich hab’ alles eingepackt, was wir für unsere Reise brauchen.“
„Mag sein. Trotzdem kommen wir nicht von der Stelle“, wendet Trällermax ein. „Wir bräuchten etwas, das den Wohnwagen zieht.“
Goldschatz schlägt die Tatze an die Stirn. „Oje! Daran hab’ ich nicht gedacht.“
Jetzt ist guter Rat teuer.
Trällermax amüsiert sich königlich. Er singt:
„Vier Räder hat der Caravan
und eine Deichsel, vorne dran.
Bloss ist nichts da, was treibet an,
Weshalb er gar nicht fahren kann.“
Goldschatz wirft dem Sänger einen mürrischen Blick zu. Spott hat ihr gerade noch gefehlt.
„Wann geht’s endlich los?“ Frechdachs, vollgefressen und munter, schiebt den Plüschkopf aus dem Wohnwagen.
Goldschatz hat wieder einen Geistesblitz. „Jetzt, sofort. Steig aus, Frechdachs. Du wirst den Wagen ziehen.“
„Ich?“ Frechdachs ist fassungslos.
„Ja, du.“ Goldschatz duldet, wie stets, keinen Widerspruch.

Trällermax, der die Anstrengungen seines Freundes interessiert verfolgt, erfindet prompt ein neues Lied:
„Der Frechdachs liegt erschöpft im Dreck.
Der Wagen rührt sich nicht vom Fleck."
Frechdachs findet das Lied absolut nicht lustig. Er ist – bums! – auf die Nase gefallen und schnappt nach Luft. Das nennt sich nun Ferien – Abenteuer – Heldentum! Pah!!!
Der Wohnwagen steht immer noch an der alten Stelle.
Ein Wanderer stapft frohgemut die Strasse entlang.
„Wunderschönen guten Tag", grüsst der fremde Bär höflich. „Ich bin Kasimir Flinkfuss. Wie ich sehe, wollt ihr verreisen. Ich wünsche euch eine angenehme Fahrt."
„Wenn sich nichts tut, werden wir hier Wurzeln schlagen", jammert Goldschatz. „Der Wagen fährt nicht von selbst, und Frechdachs schafft es nicht, ihn zu ziehen."
„Wenn es so ist, muss ein Freund ihm helfen", sagt Kasimir Flinkfuss.
„Das ist die rettende Idee!" ruft Goldschatz. Sie lädt Kasimir Flinkfuss zu Tee und Honigkuchen ein. Während die zwei gemütlich im Wohnwagen sitzen und sich stärken, ziehen Trällermax und Frechdachs draussen an den Deichselarmen.

Kasimir Flinkfuss beglückt Goldschatz inzwischen mit seiner Lebensgeschichte. „Die Leute, bei denen ich früher gewohnt habe, waren sehr reich und vornehm“, erzählt er. „Ich hatte mindestens zwanzig Honigtöpfe in meiner Speisekammer. Eines Tages meinten die Kinder, ich sei alt und schäbig. Ich bin ausgerissen, bevor sie mich in die Mülltonne stecken konnten. Seitdem ziehe ich durch die Welt.“

„Wie furchtbar!“ ruft Goldschatz.

Kasimir Flinkfuss will kein Mitleid. „Nein, keineswegs. Ich bin ein fröhlicher Vagabund. Heute hier, morgen dort, und immer fidel.“

Trällermax späht durchs Fenster. „Sie haben eine Fiedel?“ fragt er aufgeregt. „Das ist super. Wir könnten zusammen musizieren.“

„Er hat keine Fiedel, er ist fidel, du dussliger Bär“, ruft Goldschatz gereizt. „Hör auf zu horchen und schleppe den Wohnwagen. Wo sind wir überhaupt?“

Frechdachs, sehr zerzaust und unglaublich schmutzig, taucht am Fenster auf. „Wo sollen wir sein? Wir sind immer noch an derselben Stelle wie vorhin.“

Kasimir Flinkfuss weiss Rat. „Wir werden den Wohnwagen schieben“, entscheidet er.

„Sie sind wahrhaftig sehr klug“, sagt Goldschatz bewundernd.

Die vier Bobobären stellen sich hinter den Wagen. Kasimir Flinkfuss spuckt tatendurstig in die Hände. Er übernimmt das Kommando: „Hau-ruck . . . Hau . . .“ Der Wagen gibt nach und – auuu!! – fallen die Bären auf die Nase. Der Wohnwagen rollt unterdessen allein die Strasse hinunter.

„Fang den Ausreisser ein, Frechdachs, sonst kannst du dein Abendessen vergessen", ruft Goldschatz.
Frechdachs saust los wie ein geölter Blitz. Trällermax bekommt Lust, ein Liedchen zu singen. Wo ist sein Banjo? Natürlich im Wohnwagen. „Bring mein Banjo mit", ruft Trällermax seinem Freund nach.
Der flüchtige Wohnwagen prallt gegen einen Stein. Das Banjo fliegt im hohen Bogen durch die Luft. Frechdachs hüpft wie ein Gummiball hinterher, um das Instrument zu fassen. Bums, fällt er hin und rollt wie ein Ball weiter. Er rollt am Wohnwagen vorbei, kommt vom Weg ab und kollert die Böschung hinunter, schnurstracks in einen Weiher. Platsch, schon purzelt er hinein. Er zappelt und strampelt wie ein Fisch auf dem Trockenen.
„He, du darfst jetzt kein Bad nehmen", protestiert Trällermax.
„Ich nehme kein Bad", kommt es gurgelnd aus dem Tümpel. „Ich versuche, mich über Wasser zu halten. Ich kann nämlich nicht schwimmen."
Frechdachs wird gerettet. Er ist pudelnass, aber glücklich. „Hoppla, da bin ich wieder", ruft er und schwenkt triumphierend das Banjo. Er fühlt sich als Held des Tages.

„Hier werden wir unser Lager aufschlagen“, entscheidet Goldschatz. „Das ist ein grossartiger Ort, um Ferien zu machen.“ Sie versucht, ein Feuer anzuzünden, damit Frechdachs seine nassen Kleider trocknen kann. „Das Streichholz brennt nicht“, meldet sie unglücklich.
„Eigenartig“, sagt Frechdachs. „Heute morgen hat’s noch prima gebrannt.“
Kasimir Flinkfuss nimmt seinen Wanderstock und verabschiedet sich. „Ich muss weiter“, verkündet er.
„Wohin soll’s denn gehen?“ erkundigt sich Goldschatz.
„Ich ziehe aus, um Ruhm und Ehre zu suchen“, erwidert Kasimir Flinkfuss grossspurig.
„Toll!“ sagt Frechdachs ehrfürchtig. „Wenn Sie wiederkommen, bringen Sie mir bitte ein Pfündchen Ruhm und ein Kilo Ehre mit. Es darf auch etwas mehr sein.“
„Sei still, du Naseweis“, fährt Goldschatz ihn an.
Die drei Freunde winken Kasimir Flinkfuss nach.
Trällermax nimmt sein Banjo und singt:

„Flinkfuss ade.
Scheiden tut weh.
Uns’re Wege sich nun trennen.
Flinkfuss will dem Glück nachrennen.
Wir drei Freunde bleiben hier.
Unser Glück – so meinen wir –
ist die Freundschaft, ist Vertrauen.
Beides kann uns keiner klauen.“

„Manchmal bist du sehr gescheit, Trällermax“, lobt Goldschatz, und Frechdachs pflichtet ihr bei.

DIE BOBOBÄREN
im Rettungseinsatz

Goldschatz schreibt einen Brief an ihren Freund Frieder. Sie zieht die Stirn kraus und kritzelt:
„Lieber Frieder, wann sehen wir uns wieder?
Wie geht's Deinem Rücken? Tut er weh beim Bücken?
Und was macht Dein Hund? Ist er gesund ..."
Bums! Ein weicher, kugelförmiger Gegenstand trifft Goldschatz am Hinterkopf. Sie dreht sich um. Aus der Hecke schiebt sich ein verlegenes Plüschgesicht.
„Gehört der Ball dir?" fragt Goldschatz.
Trällermax ist auf der Hut. „Ist etwas zu Bruch gegangen?" forscht er.
„Nein."
„Dann gehört er mir." Trällermax kriecht aus dem Gebüsch.
Ein dritter Bobobär kommt pfeilschnell angeflitzt. Er keucht und pfeift wie eine alte Dampflok. Atemlos fällt er ins Gras.
„Uff!" japst Frechdachs.
„Was hast du gesagt?" fragt Goldschatz.
„Uff!" kommt es aus dem Gras. „Uff! Puh! Ein Bä ... Bä ..."
Trällermax versucht, das Gestotter zu verstehen. „Ich glaube, er hat sich mit einem Schaf gezankt und Reissaus nehmen müssen", meint er.

„Du meine Güte!“ Goldschatz schüttelt den Kopf. „Wahrscheinlich hat er dem Schaf einen dummen Streich gespielt. Er hat nur Blödsinn im Kopf.“

„Quatsch“, antwortet Frechdachs und holt tief Luft: „Auf einem Baum hängt ein Bärenkind, deshalb bin ich so schnell gerannt. Es weint jämmerlich. Seine Hosenträger haben sich in einem Ast verfangen. Es kann sich nicht selbst befreien.“

„Wir müssen sofort eingreifen“, beschliesst Goldschatz. „Strengt euer Gehirn an und überlegt, was zu tun ist.“

Sie wirft einen forschenden Blick in die Runde. Trällermax steht breitbeinig da, die Hände in den Hosentaschen, und starrt Löcher in die Luft. Frechdachs liegt flach auf dem Rücken und ruht sich aus. Die Denkarbeit bleibt also – wie immer – Goldschatz überlassen.

„Rührt euch, Freunde!“ befiehlt Goldschatz. „Der Rettungseinsatz läuft. Alles hört auf mein Kommando.“

Wenn Goldschatz ihren Kasernenton anschlägt, ist Eile angebracht. Die Bobobären setzen sich in Marsch. Goldschatz stapft voran. Sie hat ein Seil bei sich. Trällermax und Frechdachs tragen eine lange Stange. Frechdachs fühlt sich noch sehr schlapp. Sein Magen knurrt vor Hunger.

Das kleine Bärenmädchen auf dem Baum hat Angst. Der Ast wippt wie eine Peitsche hoch und nieder, sobald es sich bewegt. Aber die Retter sind schon zur Stelle.
Frechdachs stösst seinen Schlachtruf aus: „Hoppla, jetzt kommen wir!"
„Hörst du mich, kleiner Bobobär?" fragt Trällermax. „Wenn du mich hören kannst, sag JA. Wenn du mich nicht hören kannst, sag NEIN."
„Du bist wirklich ein Quatschkopf." Goldschatz verdreht die Augen. „Überlass das Reden mir." Sie schaut zum Baum hinauf. „Hallo, Bärenkind. Wie heisst du?"
Der Bobobär auf dem Ast weint zum Steinerweichen.
Trällermax zerrt die lange Stange hinter sich her. „Falls dieser böse Streich auf das Konto von Frechdachs geht, soll er sein blaues Wunder erleben", verspricht er. „Was zu weit geht, geht zu weit."
„Ich hab' nichts damit zu tun, ehrlich", beteuert Frechdachs. „Ich bin absolut unschuldig."
„Wer's glaubt, wird selig", brummt Trällermax.

„Steht nicht herum und gafft!“ schimpft Goldschatz. „Führt die Stange in die Baumkrone.“
Trällermax und Frechdachs mühen sich mit der langen Stange ab. Sie reicht nicht bis in das Geäst.
„Sie ist zu kurz!“ sagt Frechdachs enttäuscht. „Pech für dich, du kleiner Unglücksrabe.“
„Wir müssen das Seil nehmen“, entscheidet Goldschatz. „He, wo willst du hin, Frechdachs? Komm sofort zurück.“
Frechdachs bleibt stehen, rührt sich aber nicht vom Fleck. „Wenn du glaubst, dass ich an dem Seil auf den Baum klettere, täuschst du dich gewaltig“, erklärt er und reckt kriegerisch sein Kinn vor. „Ich bin kein indischer Zauberkünstler. Ich gehe nicht hoch.“
„O doch.“ Goldschatz packt Frechdachs am Arm und hält ihn fest, damit er ihr nicht entwischen kann. Geschwind knotet ihm Trällermax das Seil um den Bauch. Dann wirft er das andere Ende des Seils über einen Ast und fängt kräftig zu ziehen an. Goldschatz hilft ihm dabei.
Frechdachs wird langsam in die Höhe gehievt. „Immer ich!“ mault er.
„Ob das klappt?“ fragt Trällermax zweifelnd.
„Warten wir's ab“, rät Goldschatz weise.

Frechdachs streckt die Arme nach dem Bärenmädchen aus und hält es fest. Goldschatz und Trällermax lassen das Seil abrollen. Langsam nähert sich Frechdachs dem Boden und zieht das Bärenkind mit sich nach unten. Die Gummihosenträger dehnen sich aber mehr und mehr. Die Spannung wird mit jedem Zentimeter grösser. Frechdachs braucht alle seine Kraft, um das Bärenkind festzuhalten.

Bumm! Das Unvermeidliche geschieht. Die Hosenträger wirken wie eine riesige Schleuder. Das kleine Mädchen schiesst buchstäblich in die Baumkrone zurück, schnellt hoch und nieder und prallt gegen einen Ast.

Es knackt und kracht, bis der Ast abbricht. Frechdachs stürzt in die Tiefe. Der Ast fliegt auf ihn drauf.

„Au, au, mein Bein!" jammert Frechdachs.

„Warum schreist du?" erkundigt sich Goldschatz ungehalten. „Musst du immer übertreiben?"

„Sein Bein tut ihm weh", erklärt Trällermax.

„Daran ist er selbst schuld, weil er sich so tolpatschig anstellt", behauptet Goldschatz.

„Das ist die Höhe!" ruft Frechdachs aufbrausend. „Ich schinde mich, stürze mich fast zu Tode, bin schwer verletzt –"

„Sei nicht so wehleidig", fährt Goldschatz ihn an.

Frechdachs schnaubt vor Empörung. „Das lasse ich mir nicht gefallen."

„Rührt euch, ihr zwei!“ sagt Goldschatz gebieterisch. „Holt eine Leiter, marsch!“
„Wie wär's, wenn du selbst die Leiter holen würdest?“ muckt Trällermax auf.
„Sehr richtig!“ bekräftigt Frechdachs. „Ständig kommandierst du uns herum. Wenn du eine Leiter haben willst, besorg sie selbst.“
„Ich muss bei dem Bärenmädchen bleiben“, widerspricht Goldschatz. „Ich verstehe mich auf Kinder. Also keine Widerrede, ihr zwei. Tut, was ich euch sage.“
„Nein, du Giftzahn“, ruft Frechdachs trotzig.
Trällermax schnappt sich den Freund und zieht ihn mit sich fort, ehe Frechdachs weitere Beschimpfungen vom Stapel lassen kann und Goldschatz ihn womöglich zwischen die Tatzen bekommt. Die zwei Bobobären stapfen zur Villa Blumenduft, um eine Leiter zu suchen.
Das Bärenkind im Baum schluchzt und schnieft. Es hat grosse Angst. Dicke Tränen kullern über sein kleines Fellgesicht.
„Ich heisse Goldschatz“, kommt es von unten. „Wie heisst du, Bärenmädchen?“
„Wildfang“, sagt das Kind mit dünnem, zittrigem Stimmchen.
„Es wird alles gut werden, Wildfang“, verspricht Goldschatz. „Wir holen dich in Nullkommanichts herunter.“
Eine grosse Träne tropft – platsch! – auf die Nase der Bobobärin.

„Hallo, hier sind wir wieder!“ ruft Trällermax. „Wir haben eine Leiter gefunden.“
Die Bobobären lehnen die Leiter gegen den Baum.
„Ich steige nicht rauf!“ rebelliert Frechdachs.
„Wenn du es tust, bist du ein Superheld“, lockt Goldschatz.
Frechdachs hat eine Schwäche für Heldentum. Bevor seine Freunde bis drei zählen können, hat er die Sprossen erklommen.
Er hakt Wildfang von dem Ast los. Das Bärenmädchen rutscht – schwuppdiwupp – die Leiter hinunter.
Trällermax hopst ausgelassen auf der Stelle. „Hurra, hurra und hoppdihei, das Bärenkind ist wieder frei“, jubelt er.
Wildfang ist überglücklich. Sie läuft zu Goldschatz und gibt ihr einen dicken Bobobärenkuss.

„Woher kommst du, Wildfang?“ fragt die Bärin.
„Ich wohne im Waisenhaus“, sagt Wildfang. „Bis vor kurzem habe ich einem kleinen Mädchen gehört. Zuerst hat es mit mir gespielt und mich zum Schmusen in ihr Bett genommen, aber dann hat es mich herumgeschubst. Eines Tages ist es richtig böse geworden. Es hat mich aus dem Autofenster geworfen. Ein Spaziergänger hat mich neben der Strasse aufgelesen und in das Heim für ausgesetzte Schmusebären gebracht.“
„Du armes Bobobärchen!“ sagt Goldschatz. „Manche Kinder behandeln ihre Teddys sehr grausam.“
„Was soll nun aus mir werden?“ jammert Wildfang.
„Wir werden dich ins Waisenhaus zurückbringen“, verspricht Goldschatz. Sie setzt das Bärenkind auf die Leiter. Trällermax und Goldschatz heben die Leiter auf und entfernen sich frohgemut. Um Wildfang aufzuheitern, stimmen sie ein Lied an:

„Wir sind tapfer und gescheit,
wir handeln prompt, sind hilfsbereit.
Das weiss ein jeder, der uns kennt.
Man uns die wack'ren Bobos nennt ...“

„He, was wird aus mir?“ schreit jemand zornig aus dem Wald. „Ihr könnt mich nicht einfach zurücklassen. Helft mir, verflixt!“
Der Notruf kommt von Frechdachs. Der Held des Tages sitzt im Baum fest und grollt.
So vergänglich ist der Ruhm der Welt.

DIE BOBOBÄREN
feiern ein Fest

„Hurra, hurra, heute feiere ich Geburtstag." Frechdachs hüpft auf seiner Matratze auf und nieder. „Au", heult er auf. Er hat völlig übersehen, dass er im unteren Etagenbett schläft, und sich den Kopf eingerannt.

Frechdachs hat ein miserables Gedächtnis. Eigentlich gibt es nur ein Ereignis, das er nie vergisst: seinen Geburtstag. Er erzählt jedem Bobobären in Schmusebärenhausen, an welchem Tag er Geburtstag hat und was er sich als Geschenk wünscht.

Frechdachs hat keine Ahnung, wie alt er ist. Er weiss nur, dass es ihn schon sehr lange gibt. Er hat nämlich aufgeschnappt, wie der Grossvater der Kinder, bei denen er früher lebte, verwundert ausrief: „Wie? Ihr habt diesen uralten Zottelbären immer noch? Werft das schäbige Ding endlich fort."

Frechdachs ist damals sehr verletzt gewesen. Er ist davongelaufen, um nicht im Mülleimer zu enden.

Heute ist Frechdachs glücklich. Immerhin hat er Geburtstag. „Alles Gute für mich, alles Gute für mich, alles Gute, lieber Frechdachs, alles Gute für mich", singt er aus voller Kehle. Beschwingt schlüpft er in seine Hose, stülpt seinen Pulli über den Plüschkopf und schlägt zum Schluss einen Purzelbaum.

Ein dreifach Hoch auf Frechdachs! Hipp hipp, hurra!

Quietschvergnügt verlässt Frechdachs das Schlafzimmer. Ein aufregender Tag steht ihm bevor. Er tänzelt und dreht sich und hüpft. Das geht natürlich nicht gut. Der Bobobär rutscht aus und kollert wie ein Ball die Treppe hinunter. Die geschlossene Haustür – bums! – bremst ihn. Au, das tut weh! Eine Menge Briefe quellen aus dem Briefschlitz, und als er sich aufrappelt, fallen ihm alle auf den Kopf.

Frechdachs ist wahnsinnig aufgeregt. Welche Briefe gehören ihm? Zu dumm, dass er die Anschriften nicht entziffern kann. Als junger Bär hat er eben oft die Schule geschwänzt. Deshalb hapert's nun bei ihm mit dem Lesen. Aber die Briefe müssen wohl für ihn sein. Schliesslich hat er Geburtstag. Er öffnet den ersten Umschlag. Eine Geburtstagskarte ist nicht darin. Also muss der Brief an Goldschatz gerichtet sein.

„He, warum bist du so früh auf den Beinen?“ fragt Trällermax schlaftrunken. Er gähnt und reibt sich die Augen. „Gibt's was Besonderes? Halt, ich hab's. Wir feiern einen Festtag.“

Frechdachs ist ausser sich vor Freude.

„Sicher ist heute St. Valentinstag“, sagt Trällermax vergnügt. „Wahrscheinlich willst du mir das Frühstück ans Bett bringen. Das ist ehrlich nett von dir. Vergiss bitte nicht den Honigkuchen.“

Frechdachs ist stocksauer. Er wirft seinem Freund die Briefe aufs Bett. „Sind welche für mich darunter?"
Trällermax sortiert die Post. Drei Briefe sind für ihn selbst, sieben sind für Goldschatz und fünf für einen Freund, der auf Wanderschaft ist.
„Tut mir leid, Frechdachs, aber für dich ist keiner dabei", sagt Trällermax. „Sei nicht traurig. Kümmere dich lieber um mein Frühstück. Ich bin schon halb verhungert."
Frechdachs lässt betrübt den Kopf hängen. Niemand hat an seinen Geburtstag gedacht. Womöglich hat der Postbote vergessen, die Karten einzuwerfen? Vielleicht haben Goldschatz und Trällermax sie versteckt?
Frechdachs fängt zu suchen an. Er guckt in alle Winkel und Ecken, er kramt in sämtlichen Schubladen, ja er durchstöbert sogar die Speisekammer. Nichts. Nirgendwo liegt eine Geburtstagskarte.
Frechdachs entdeckt auch keine Geschenke. Sie müssten eigentlich leicht zu finden sein. Er hat sich nur grosse Geschenke gewünscht. Bescheidenheit zählt nicht zu seinen Tugenden.
Die Suche erweist sich als kompletter Fehlschlag.
Frechdachs ist enttäuscht. Aber was heisst schon enttäuscht?
Nein, er ist todunglücklich.

„Guten Morgen“, sagt Goldschatz. Sie wirkt aufgeräumt und fröhlich. Kunststück! Es ist ja nicht ihr Geburtstag, der vergessen worden ist.

„Was ist gut an diesem Morgen?“ fragt Frechdachs. Missmutig schlurft er durch die Villa Blumenduft: ein alter, vergrämter Bobobär.

Jemand klopft an die Haustür. Frechdachs saust in den Flur und stellt sich in Positur. Ein Gratulant?

„Wer ist da?“ ruft Goldschatz.

„Ich bin's“, kommt es von draussen.

„‚Ichbins‘?“ Goldschatz schüttelt verwundert den Kopf. „Ich kenne keinen ‚Ichbins‘.“

„Rede nicht, mach auf“, drängt Frechdachs.

Goldschatz öffnet die Tür. Draussen steht Vetter Leckermaul. Er hat einen leeren Krug bei sich.

„Ist er für mich?“ fragt Frechdachs. Erfreut streckt er die Tatzen nach dem Krug aus.

„Du spinnst wohl? Pfoten weg!“ Leckermaul presst das Gefäss fest an seine Brust. Er wendet sich an seine Kusine. „Würdest du bitte meinen Krug mit Honig auffüllen? Mich gelüstet nach süssem, goldenem Honig.“

Goldschatz lädt ihren Vetter zum Frühstück ein. „Was darf ich dir anbieten, Leckermaul?“ fragt sie.
„Alles mit viel Honig drin“, kommt es prompt. „Honigbrot, Honigkuchen, Honigplätzchen, Honigpralinen.“
Goldschatz tischt ihrem Cousin auf. „Als junger Bär war ich ein heikler Esser und dünn wie der Suppenkaspar“, erzählt Leckermaul. „Eines Tages habe ich ein Honigbrot bekommen. Es schmeckte einfach himmlisch. Seitdem esse ich nur noch Gerichte, die mit Honig gemacht sind.“
Leckermaul, ein sehr fressgieriger Bär, mampft für drei. Frechdachs schaut ihm teils wehmütig, teils neidisch zu. Ihm hat es den Appetit verschlagen.
Trällermax hat es mittlerweile aufgegeben, auf sein Frühstück zu warten. Er schlendert ins Esszimmer und sagt zu Frechdachs: „He, warum guckst du so verstört drein? Ist dir eine Laus über die Leber gelaufen? Oder bist du krank?“
„Wahrscheinlich hat er einen Anfall von Bärenjammer“, scherzt Leckermaul mit vollem Mund. Er lacht und schlägt sich vor Vergnügen auf die Schenkel.
Trällermax nimmt sein Banjo und singt:
„Frechdachs, unser Pfiffikus,
grollt und schmollt und zeigt Verdruss.“
Das Mass ist voll. Frechdachs stolziert aus dem Raum.

Frechdachs wandert lustlos im Hof umher. Zuerst kickt er mit dem Fuss kleine Steine auf, dann stapft er durch eine Wasserpfütze. Aber nichts macht ihm heute Spass.
„Vergnügten guten Morgen“, ruft eine Stimme jenseits der Hecke. „Können Sie mir verraten, wo ich die Villa Blumenduft finde?“
„Hier“, sagt Frechdachs. Er blüht ein wenig auf.
Die Gartentür geht auf. In den Hof kommt – sieh da! – Kasimir Flinkfuss, der fröhliche Vagabund.
„Sind Sie hier, um mir zu meinem Geburtstag zu gratulieren?“ fragt Frechdachs hoffnungsvoll.
„Nein. Ich bin zufällig in der Gegend und möchte Goldschatz besuchen. Sicher wird sie mir ein Tässchen Honigtee anbieten. Niemand macht besseren Tee als sie.“ Kasimir Flinkfuss marschiert schnurstracks an Frechdachs vorbei.
Wieder eine Enttäuschung. Frechdachs ist wie am Boden zerstört. Alle Freunde haben seinen Geburtstag vergessen.
Frechdachs schlurft ins Haus zurück und geht direkt in den Speicher. Dort bläst er Trübsal und hadert mit seinem Schicksal: Er ist der allerärmste Bobobär auf der ganzen Welt! Er lässt seine Wut an einer Holztruhe aus. Aber das tut weh und hilft nicht.

Frechdachs verkriecht sich in sein Bett und zieht die Decke über den Kopf. So hat er sich seinen Geburtstag nicht vorgestellt! Frechdachs kann nicht mehr aufhören zu schluchzen. Er weint sich in den Schlaf.

Frechdachs hat einen seltsamen Traum. In seinem Traum verschluckt er einen Fisch. „Rasch, trink ein Glas Wasser, damit der Fisch schwimmen kann", sagt ein Traumbär. „Nein, ich bin zu wütend", antwortet Frechdachs. „Soll er doch zu Fuss gehen." Die übrigen Bobobären lachen sich schief und hänseln ihn. „Frechdachs! Frechdachs!" rufen sie im Chor.

Frechdachs erwacht und fährt senkrecht in die Höhe. Goldschatz ruft nach ihm.

„Ich muss wohl eingenickt sein", sagt er zu sich selbst.

Er rollt sich aus dem Bett und trottet langsam in den Garten.

„WIR GRATULIEREN ZUM GEBURTSTAG."
Frechdachs ist wie vom Donner gerührt. Alle seine Freunde und Nachbarn haben sich im Garten versammelt. Sie singen ihm ein Ständchen. Auf dem Rasen steht eine festlich gedeckte Tafel mit einer supergrossen Torte in der Mitte. Da lacht das Herz und freut sich der Gaumen.
Frechdachs fallen beinahe die Knopfaugen aus dem Kopf, als er die riesigen Pakete mit den bunten Schleifen entdeckt. Nie zuvor hat er so viele Geschenke auf einem Haufen gesehen. Es verschlägt ihm vor lauter Glück die Sprache.
Das ist eine gelungene Überraschung!
Trällermax spielt auf seinem Banjo, dazu singen die Gratulanten:
„Hundert Jahre und noch mehr
wünschen wir dir, Bobobär.
Wir lieben dich und deinen Scherz.
Du hast am rechten Fleck das Herz.
Drum bleib gesund, sei froh und heiter.
Wir sind nun hier und feiern weiter
bis in die späte Nacht hinein.
Es wird das Fest des Jahres sein."
Frechdachs stürzt sich ins Festgetümmel.
„Du stellst dich schon zum elften Mal am Kuchenbuffet an", beanstandet Leckermaul, der genau mitzählt, wie viele Tortenstücke jeder Bobobär verdrückt. „Alle werden dich für einen Vielfrass halten."
„Nein, werden sie nicht", antwortet Frechdachs und grinst. „Ich sag' nämlich, den Kuchen hole ich für dich."

DIE BOBOBÄREN
Kinderweihnacht

Die Bobobären haben einen langen Fussmarsch unternommen. Sie ruhen sich an einem Weiher aus, bevor sie nach Hause wandern. Goldschatz vergräbt die Nase in einem Geschichtenbuch. Trällermax spielt auf seinem Banjo und singt. Frechdachs lässt Kieselsteine über das Wasser flitzen.

„Das war ein echter Superwurf“, jubelt Frechdachs. „Kommt, macht mit. Wir könnten einen Wettkampf veranstalten.“

„O ja!“ kommt es begeistert von irgendwo.

„Wisst ihr, wie ein Bobobärenwettkampf anfängt?“ fragt Frechdachs.

„Nein. Wie denn?“ fragt eine Stimme neugierig.

„Mit: ‚Ho, ho, ho. Bobos, hebt den Po!‘ “

„Ha, wie lustig.“ Jemand quietscht vor Vergnügen.

Frechdachs wirft sich geschmeichelt in die Brust. Und weil er gerade so schön in Schwung ist, bringt er sogleich einen neuen Scherz an. „Wie fängt ein Bobobär eine Mücke?“

„Keine Ahnung.“

„Er schmiert Honig in eine Zahnlücke.“

„Hör auf, alberne Sprüche zu klopfen“, ruft Goldschatz verärgert. „Ich will lesen.“
Frechdachs ist gekränkt. „Ich dachte, ihr mögt meine Spässe. Gerade habt ihr noch darüber gelacht.“
„Ich nicht!“ widersprechen Goldschatz und Trällermax wie aus einem Mund.
„Jemand hat gelacht.“ Frechdachs schaut sich suchend um. Kein anderer Bär ist zu sehen. Frechdachs lässt einen neuen Witz los. Er will herausfinden, woher das Gelächter kommt.
„Was wird aus einem Bobobären, wenn er friert?“
Niemand antwortet. „Ihr wisst es nicht? Ist doch ganz einfach. Ein Eisbär.“
Jemand kichert laut.
„Na bitte!“ Frechdachs hebt die Tatze. „Einer von euch hat gelacht.“
„Ich nicht“, beteuern Goldschatz und Trällermax einstimmig.

Die Bobobären gehen dem Gekicher nach. Der unsichtbare Lachbär steckt hinter einem niedrigen Steinwall. Die drei Freunde stellen sich auf die Zehenspitzen und spähen hinüber. „Hoppla, das ist eine Überraschung!" Frechdachs stösst einen Pfiff aus.
„Was tust du hier, Wildfang?" fragt Goldschatz erstaunt.
„Sollte sie nicht im Waisenhaus sein?" sagt Trällermax.
„Nein!" protestiert das Bärenmädchen. „Da gehe ich nie, nie wieder hin. Ich will bei euch bleiben. Ich möchte mit euch in der Villa Blumenduft leben. Bei euch gefällt's mir."
Frechdachs sieht Trällermax an. Trällermax schaut auf Goldschatz. Goldschatz mustert Frechdachs. Er ist schmuddlig vom Haarschopf bis hinunter zur Filzsohle. Und sehr, sehr alt.
„Bring's ihr schonend bei, Goldschatz", bittet Frechdachs.
„Du musst ins Waisenhaus zurückkehren, Wildfang", entscheidet Goldschatz. „Du bist viel zu jung, um bei uns alten, zottigen Bobobären zu wohnen. Deine kleinen Freunde würden dir sehr bald fehlen, und sie würden dich vermissen."
„Ich weiss nicht, wo das Waisenhaus ist", jammert Wildfang. „Ich bin euch den ganzen Morgen gefolgt. Nie werde ich den Rückweg ins Heim finden." Sie fängt laut zu heulen an.

Trällermax nimmt sein Banjo. Er singt einen lustigen Reim, um das kleine Mädchen aufzuheitern:
„Ein Bobo hat, o Schreck, o Graus,
in seinem Plüschfell eine Laus.
Sie beisst, sie zwickt. Er hält's nicht aus
und wirft sie raus aus seinem Haus."
Goldschatz und Frechdachs erfinden eine zweite Strophe.
„Ein Bobo namens Raser
lief einst sehr nah am Wasser.
Plumps – platsch! Und drinnen sass er
da wurd' er nass und nasser."
Wildfang ist wieder putzmunter. Sie kennt auch einen lustigen Vers:
„Ein Bobo aus dem Emmental
hat am Popo ein Muttermal.
Er findet's ulkig und er witzelt:
‚Ich kratz' den Fleck, wenn er mich kitzelt.' "
Frechdachs nimmt Wildfang auf die Schulter. Singend und lachend marschieren die Bobobären los.
Es ist ein weiter Weg bis zum Waisenhaus.

Die Sonne geht zu Bett. Es wird dunkel. Frechdachs stolpert oft. Er prallt gegen alle möglichen Hindernisse. Wildfang weint. Sie ist müde und sie fürchtet sich.
„Was tun Bobobären, wenn sie sehr hungrig sind?" fragt Frechdachs.
„Sag's mir", bettelt das Mädchen.
„Sie essen kleine Bären."
„Uiii", kreischt Wildfang erschrocken.
„Sie verspeisen Brom-Bären, Him-Bären, Erd-Bären, Heidel-Bären", ergänzt Frechdachs schmunzelnd.
Wildfang kichert ein wenig.
„Das war kein guter Witz", sagt Goldschatz streng.
Die Bobobären legen eine Verschnaufpause ein, dann wandern sie weiter. In der Ferne tauchen Lichter auf. Wildfang jubelt. „Dort ist das Waisenhaus", ruft sie aufgeregt. „Wir haben's tatsächlich gefunden."
„Klar", sagt Trällermax. „Wir Bobobären sind Schlauköpfe."
Das Waisenhaus ist ein grosses Gebäude mit vielen Fenstern.
Wildfang bummert stürmisch an die Tür.
„Das genügt", mahnt Goldschatz. „Sie glauben sonst, eine Horde Klopfspechte sei im Anmarsch."

Nettchen Liebevoll, die Heimmutter, öffnet die Tür. Sie strahlt übers ganze Gesicht, als sie Wildfang sieht. „Da bist du endlich“, sagt sie. „Wir haben schon nach dir gesucht.“

„Das sind meine Freunde“, sagt Wildfang stolz. „Sie heissen Goldschatz, Frechdachs und Trällermax.“

Mutter Liebevoll schüttelt den fremden Bobobären die Tatzen und lädt sie ein, im Heim zu schlafen. Die drei Freunde, denen es insgeheim vor einer langen Nachtwanderung gegraut hat, nehmen das Angebot dankbar an.

Nettchen Liebevoll führt ihre Gäste in die Küche und deckt den Tisch. Dabei erzählt sie, dass viele kleine Bobobären ins Heim abgeschoben werden, wenn die Leute sie nicht mehr brauchen.

„Einige Bärenkinder finden bei den Menschen ein neues Zuhause“, berichtet die Heimmutter. „Andere bleiben hier, bis sie alt und grau sind.“

„Wie viele Bärenwaisen versorgen Sie, Mutter Liebevoll?“ fragt Goldschatz.

„Über vierzig“, antwortet die Heimmutter betrübt.

Am nächsten Morgen nehmen Goldschatz, Trällermax und Frechdachs von den Heimbewohnern Abschied. Wildfang und ihre kleinen Freunde sind sehr traurig. Immer wieder bedrängen sie Frechdachs, einen neuen Bärenwitz zu erzählen. Noch einen. Und noch einen. Frechdachs lässt einen allerletzten Scherz los.
„Was tut ein Frosch auf einem Baum?“
„Isst er? Sonnt er sich? Pflückt er Blätter?“ raten die Kinder.
Frechdachs schüttelt den Plüschkopf. „Nein. Er quakt. Und was tut ein Vogel auf einem Baum?“
„Er zwitschert“, rufen die Bärenwaisen im Chor.
Frechdachs grinst. „Falsch. Er fliegt fort. Er hat nämlich einen Wurm entdeckt.“
„Komm jetzt“, mahnt Goldschatz. „Wir müssen aufbrechen. Wir haben einen langen Weg vor uns.“
Die Bärenkinder schluchzen und jammern, weil sie sich von ihren neuen Freunden trennen müssen. Mutter Liebevoll und Goldschatz stecken tuschelnd die Köpfe zusammen. Sie haben eine wundervolle Idee.

Einige Wochen später machen sich die Bobobären erneut auf den Weg zum Waisenhaus. Es ist Weihnachten. Die drei Freunde fahren mit ihrem Schlitten durch den Schnee.
„Hoppla, jetzt kommen wir!“ jubelt Frechdachs. Sein Schlachtruf ist bis tief in den Wald zu hören.
Im Heim steigt ein grosses Bärenfest. Es geht sehr ausgelassen zu. Goldschatz beaufsichtigt die Spiele und sorgt dafür, dass die Kinder nicht ausser Rand und Band geraten.
„Lass das“, tadelt sie, als das Bärenkind Quälgeist Leim und Lametta nimmt, um Wildfang weihnachtlich zu schmücken.
Trällermax hockt in einer Ecke, umringt von einer Schar Bärenwaisen, die aus voller Kehle Weihnachtslieder singen.
Frechdachs lässt die Kinder auf seinem Rücken reiten. Jetzt ist er ziemlich ausser Atem und darf sich ausruhen.
Der Weihnachtsbär stapft herein. Er verteilt Geschenke an gross und klein.
„Ein dreifach Hoch auf die Bobobären!“ ruft Wildfang.
„Hipp, hipp, hurra!“ schallt es von allen Seiten.
Goldschatz, Frechdachs und Trällermax freuen sich riesig.
Es ist für sie die schönste Weihnacht bisher.

DIE BOBOBÄREN
und der Mondbär

Die Bobobären haben ausgiebig gefuttert und fühlen sich rundum zufrieden. Ein nächtliches Picknick am Lagerfeuer zu veranstalten war natürlich die Idee von Goldschatz. Sie trägt ja einen besonders findigen Kopf auf den Schultern.

„Möchte noch einer nachschöpfen?" fragt Goldschatz ihre Freunde.

„Ich nicht." Trällermax streichelt liebevoll über sein rundes Bäuchlein.

„Ich auch nicht", sagt Frechdachs. „Wenn ich noch mehr esse, platze ich wie ein Luftballon."

Trällermax betrachtet gedankenverloren den Himmel und fragt: „Was würdest du tun, Frechdachs, wenn auf der Wiese ein Raumschiff landete und lauter grüne Männchen herauskämen?"

„Keine Ahnung", antwortet Frechdachs. „Aber ich kann dir genau sagen, was ich nicht tun würde."

„Was denn?"

„Na, ich würde nicht warten, bis sie reif sind", erwidert Frechdachs schlagfertig.

„Ich war damals noch sehr jung“, erzählt Goldschatz. „Die Kinder, denen ich gehörte, haben von morgens bis abends mit ihren supermodernen Flugzeugen und Raumschiffen gespielt oder auf ihrem Computer getippt. Mir haben sie keinen Blick gegönnt. Aber weisst du was, Trällermax? Flugzeuge und Raumschiffe eignen sich nicht zum Schmusen. Ich hingegen bin eine echte Kuschelbärin.“

„Ist das ein Angebot?“ fragt Trällermax anzüglich.

Goldschatz wehrt ihn lachend ab. „Nimm deine Tatzen fort, Trällermax. Mit dir schmuse ich nicht. Ich bin ein Kuschelbär für Kinder.“ Ihre Stimme klingt mit einem Mal traurig. „Das Mädchen und der Bub wollten, wie gesagt, nichts mehr von mir wissen. Ich war ganz einsam und sehr unglücklich. Um mich von meinem Kummer abzulenken, habe ich jedes Buch im Kinderzimmer gelesen.“

Frechdachs schnarcht, dass die Grashalme zittern.

„Das ist wieder typisch für dich, Frechdachs“, ruft Goldschatz verärgert. „Trällermax und ich hören uns höflich deine albernen Geschichten an, und was tust du? Du pennst, wenn es einmal um wichtige Dinge geht. Das ist nicht richtig.“

Obwohl er fest schläft, versteht Frechdachs ganz genau, was in Goldschatz vorgeht. Er weiss aus bitterer Erfahrung, was es heisst, nicht geliebt und gebraucht zu werden. Auch ihn haben die Kinder wegen diesen technischen Spielzeugen vernachlässigt.

„Es hat mich nicht gestört, dass die Kinder mit ihren Weltraumwaffen auf mich gezielt haben", sagt Goldschatz zu Trällermax. „Aber sie haben unendlich viel Zeit am Computer verbracht, und das hat mir weh getan. Stundenlang haben sie vor dem Bildschirm gehockt und Raumschiffe abgeschossen."
„Wie grausam", ruft Trällermax entsetzt. „Dabei sassen in den Raumschiffen sicher sehr nette ausserirdische Wesen."
Goldschatz nickt zustimmend mit dem Kopf. „Und ob! Grüne Männchen oder lustige Zottelmonster."
„Die armen Ausserirdischen", schimpft Trällermax. „Wir sollten Plakate anfertigen mit der Aufschrift: ‚Schützt die Ausserirdischen vor Grausamkeit!' "
Goldschatz wischt zwei dicke Bobobärentränen fort. Sie muss immer weinen, wenn sie an die Vergangenheit denkt.
Frechdachs schnappt im Schlaf das Wesentliche auf: Weltraumwaffen ... Goldschatz, die wegen eines Computers in Vergessenheit gerät ... ungeliebte Kuschelbären ...

Trällermax singt:
„Ein Mondstrahl kitzelt mich, ruft kess:
‚Ab geht die Fahrt im Mondexpress.' "
‚Der Mondexpress, das ist es', fährt es Frechdachs durch den Sinn. ‚Damit könnte ich schwuppdiwupp zum Mond fliegen. Der Mondbär weiss sicher, wo ich einen Mondstrahl finde.' Frechdachs schaut blinzelnd in den Mond. ‚Hallo, Mondbär. Hörst du mich?' Endlich ist der Mondbär deutlich zu sehen. Er hockt auf der Mondsichel und weint.
‚Schick mir einen Mondstrahl, der mich zu dir bringt, Mondbär', bettelt Frechdachs.
‚Das ist leider unmöglich, Bobobär', sagt der Mondbär traurig. ‚Ich möchte dich gern zum Freund haben, weil ich hier oben ganz allein und einsam bin. Aber ich kann dich nicht zu mir holen. Du hast keine Fahrkarte für den Mondexpress.'
In diesem Augenblick verliert Frechdachs jäh den Halt. Er schiesst und purzelt durch das Weltall, vorbei an unzähligen funkelnden Sternen, und gerät in panische Angst.
„Hilfe!" schreit Frechdachs, und das Echo kommt aus allen Himmelsrichtungen zurück.
„Wach auf!" Goldschatz rüttelt den Schläfer an der Schulter. „Du hast einen Alptraum und schreist."
Frechdachs richtet sich benommen auf. Er blinzelt verwirrt. Schliesslich wird ihm klar, wo er sich befindet. „Danke, Goldschatz", sagt er. „Aber sei nicht traurig, weil die Kinder dich vergessen haben. Du hast Trällermax und mich. Wir haben dich sehr lieb." Zum Beweis drückt er Goldschatz einen dicken Bärenkuss auf beide Wangen.